LE THÉATRE

ET

LES COMÉDIENS

A ALENÇON

AU SEIZIÈME ET AU DIX-SEPTIÈME SIÈCLE

PAR

Mme GÉRASIME DESPIERRES

MEMBRE CORRESPONDANT DU COMITÉ DES SOCIÉTÉS DES BEAUX-ARTS A ALENÇON

OFFICIER D'ACADÉMIE

PARIS

TYPOGRAPHIE DE E. PLON, NOURRIT ET Cie

RUE GARANCIÈRE, 8

—

1892

PARIS
TYPOGRAPHIE DE E. PLON, NOURRIT ET Cⁱᵉ,
Rue Garancière, 8.

LE THÉATRE

ET

LES COMÉDIENS

A ALENÇON

AU SEIZIÈME ET AU DIX-SEPTIÈME SIÈCLE

PAR

Mme GÉRASIME DESPIERRES

MEMBRE CORRESPONDANT DU COMITÉ DES SOCIÉTÉS DES BEAUX-ARTS A ALENÇON

OFFICIER D'ACADÉMIE

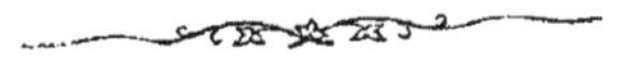

PARIS

TYPOGRAPHIE DE E. PLON, NOURRIT et Cie

RUE GARANCIÈRE, 8

1892

Ce mémoire a été lu à la réunion des Sociétés des Beaux-Arts des départements, tenue dans l'hémicycle de l'École des Beaux-Arts, à Paris, le 10 juin 1892.

LE THÉATRE
ET LES COMÉDIENS

A ALENÇON

AU SEIZIÈME ET AU DIX-SEPTIÈME SIÈCLE

CONSTRUCTION D'UN THÉATRE
ET REPRÉSENTATIONS DE MYSTÈRES A ALENÇON
DE 1520 A 1545

MESSIEURS,

De tous les ouvrages qui ont paru sur l'histoire du théâtre en France, il n'en est pas un à notre connaissance qui fasse mention de l'existence de représentations de Mystères à Alençon ; l'histoire locale même reste muette sur ce point.

Le marché passé au tabellionage de cette ville, en 1520, que nous vous soumettons est-il celui du premier théâtre élevé à Alençon pour servir aux représentations des scènes de l'Ancien et du Nouveau Testament, des martyres de saints? Nous l'ignorons ; mais comme il est impossible de remonter à une date de beaucoup antérieure à celle-ci (les registres ne commençant qu'en 1444), nous dirons seulement que c'est en 1520 que se sont dressés les échafaudages du *premier théâtre connu à Alençon* destiné à l'instruction récréative du peuple [1].

Pour *ouïr* ces pièces nos ancêtres se pressaient en foule, et, sans se soucier des places qui leur étaient réservées ou qu'ils choisissaient

[1] Voir la planche ci-contre.

eux-mêmes, tous venaient s'édifier et *s'esbaudir* à ces sortes de jeux qui eurent tant de succès pendant plusieurs siècles.

Malgré la multiplicité des lieux où l'on a dû jouer par personnages des scènes de l'Ancien et du Nouveau Testament, il reste encore beaucoup de noms de villes à connaître; mais, avec l'impulsion que vous avez su donner, nous ne doutons pas, Messieurs, que d'ici quelques années on ne sache exactement les noms des entrepreneurs et acteurs des jeux à Mystères, et surtout, ce qu'il importe de connaître, comment se construisaient les théâtres.

Pour notre part, nous allons essayer de répondre à ces diverses questions en nous appuyant sur des documents inédits qui nous permettront de fixer approximativement la durée de ces représentations à Alençon.

C'est le 18 octobre 1520 que les entrepreneurs du jeu à Mystères commandèrent à Thomas Guitton la charpenterie nécessaire à la construction d'un théâtre, situé boulevard de la Porte de Sées, par un marché dont voici la teneur :

« Le dix-huitième jour d'octobre MV^cXX devant les tabellions
« d'Alençon furent présents messire Richard Auvray, prestre, et
« honnestes hommes Guillaume Chaslière, Robert Martel, Robin
« Pissot, et Jacques Houssemaine tous bourgeois d'Alençon d'une
« part, et Thomas Guitton cherpentier paroissien d'Assé le
« Boesme [1]. Lesquels confessèrent avoir faict entre eulx le marché
« et accord quy en suit c'est assavoir : qu'ils baillent audit Guitton
« quy a promins rendre et faire de son mestier la cherpenterie néces-
« saire estre faicte au boulevert de la porte de Sais en ceste ville
« d'Alençon, à *servir* pour le *Mistère du commencement du monde*.

« 1° Accomplir ung chauffaulx (échafaud) pour servir de *Paradis*,
« quy sera mis et assis contre le boulevert et sera à *trois estaiges*
« et de la haulteur du boulevart, ou plus hault comme le cas
« requierera, et de largeur et longueur ainsi que la place le com-
« portera, le tout clos par derrière depuis le premier plancher
« jusques au dernier plancher du hault. Les dits chauffaulx seront
« arondis de pens tout ront et y aura troys planchers.

« 2° Item, ung aultre chauffaulx pour servir d'ung *Enfer*, lequel

---

[1] Assé-le-Boisne, Sarthe, arrondissement de Mamers, canton de Fresnay-sur-Sarthe.

« sera au coing de la porte de la muraille de la ville, et sera faict
« et composé d'ung estaige, dont le hault et pens du dit chauffaulx
« sera de la haulteur du boulevart de ladicte porte et faict en
« manière d'appentiz. Sur les dits appentiz sera faict ung aultre
« petit estaige pour servir de *Limbes.*

« 3° Item, entre les dits deux chauffaulx de *Paradis* et d'*Enfer*
« sera faict ung chauffaulx, comme est le boulevart, et à troys
« estaiges les uns sur les aultres autant qu'il y aura de place vuyde
« entre les dits chauffaulx, et sera de six à sept pieds de largeur.

« 4° Item, seront faicts chauffaulx à ung estaige sur le mur de la
« rue qui (devra) estre faicte pour servir au dit Mistère, lequel
« estaige sera au-dessus dudit mur et a haulteur d'homme ; et
« seront lesdicts chauffaulx portez sur estaiches, affermys par le dit
« mur par derrière et, par devant, par aultres postreaulx à pens
« portez sur les portes du feu (Enfer).

« 5° Item, seront faicts aultres chauffaulx à un estaige depuis le
« coing du mur d'arrest à aller jusques aux murs de la ville tout
« au travers des fossés lesquels chauffaulx seront faicts convenable-
« ment ; et iceulx chauffaulx seront faicts, au-dessus, de legers
« carreaulx de boys.

« 6° Item, seront faicts pareillement derrière des chauffaulx
« depuis le *Paradis* jusques au mur de ville pour entrer, et de la
« haulteur que comporte le tout.

« 7° Item, du costé des murs de la ville, seront faicts aultres
« chauffaulx semblablement portez que dessus ; pour iceulx, y
« aura gallerye pareillement pour entrer es chauffaulx, et, à
« l'endroit d'une tour quy est aux dits murs, mise à faire auxdits
« chauffaulx y aura seulement une gallerye.

« 8° Item, fournir tous les dits eschauffaulx tout autour du Mistère
« (es chevrons) bons et convenables pour soustenir la couverture
« entre les pièces, les clouaisons entre les chauffaulx, de manière que
« l'on puisse clore de carreau entre chaque chauffaulx pareillement.

« 9° Item, fournir tous les dits chaffaulx de carreaulx, de rouetz
« et aultres choses pour faire les planchers desdits chauffaulx.

« 10° Item, faire les clouaisons de carreaulx entre les dits chauffaulx
« de dix pieds en dix pieds ou plus ou moins, ainsi qu'il sera requis.

« 11° Item, sera subject le dit Guitton de couvrir et revestir de
« troys pens de carreaulx de boys.

« Laquelle besongne le dit Thomas s'oblige rendre toute preste
« de cherpenterie ung mois après Pasques prochainement venant,
« et ce pour la somme de quatre-vingts écus d'or sol., à payer à
« l'équipollant qu'il y aura de besongne de faicte, et aura le dit
« Thomas les carreaulx dudit boys.

« Item, le dit Thomas sera acoustré de : une robe, de chousses,
« d'un pourpoint, d'un bonnet, de mouffles. Le tout pour les
« voyages requis, nécessaires aux dits mistères.

« Item, le dit Thomas aura une chambre quy luy sera délivrée
« par les dessus (dits) en ceste ville d'Alençon au plus près du dit
« lieu. Tous obligez corps et biens es presence de Robin Morel et
« de Estienne Jolys. »

Ce curieux document nous donne l'emplacement et la délimi-
tation du théâtre construit à Alençon pour la représentation des
Mystères, et nous démontre que deux de ses parties étaient à trois
étages, savoir le *Paradis* et l'*Enfer;* l'*Enfer,* on le voit, était sur-
monté d'un deuxième étage qui servait de *Limbes;* quant au reste
de la construction, il n'était qu'à un étage.

Il est regrettable que ce devis ne nous renseigne pas sur l'attri-
bution de chaque échafaud de la construction. Où se trouvait le
parloir ou scène proprement dite? Les spectateurs se tenaient-ils
sur l'un de ces échafauds? Si aucune place ne leur était réservée
dans cette construction, ils ne pouvaient se trouver qu'au centre
du théâtre ou sur les terrains compris en dehors des murs de ville
« es forsbourg de la porte de Sais », c'est-à-dire jusqu'à la rue
« Porchine et les Marchyes », aujourd'hui rue des Marcheries, rue
Porchaine, rue du Cours et place de la Halle aux toiles.

Au sujet de l'emplacement du *parloir*, Émile Morice dit : A
l'avant-scène de l'Enfer se trouvaient les Limbes et le Purgatoire,
dont le mystère de la résurrection nous a conservé l'exacte et minu-
tieuse description. « Notez que le Limbe doit estre à costé du par-
« loir qui est sur le portal de l'Enfer; et plus haut que le dit par-
« loir, est une petite habitation qui doit estre en la façon d'une
« grosse tour quarrée, environnée de retz et des filetz ou d'autres
« choses clère, afin que parmi les assistants, on puisse voir les
« ames quy y seront [1]. »

[1] *Mise en scène depuis les Mystères jusqu'au Cid*, par Émile Morice. (*Revue
de Paris*, 1835.)

Nous pouvons donc admettre que l'échafaud à trois étages compris entre le Paradis et l'Enfer servait de scène, puisque le parloir devait toucher aux Limbes (voir § 3). Mais les « *chauffaulx* portez sur les portes du Feu » (§ 4) pouvaient également servir de parloir, sans préjudice de l'autre scène placée entre le Paradis et l'Enfer. Dans ce cas les diverses scènes du Mystère se seraient passées dans toutes les parties de la construction ; les acteurs et auditeurs se seraient à leur volonté transportés tantôt ici, tantôt là, suivant les nombreuses péripéties de l'action.

Si, au contraire, une place était assignée aux spectateurs dans cette construction, ils ne pouvaient être installés que sur les « chauffaulx à ung estaige depuis le coing du mur d'arrest à aller « jusques aux murs de la ville tout au travers des fossés » .

Ceci expliquerait pourquoi l'on avait établi des galeries pour entrer dans les « chauffaulx faits au travers des fossés » ; du reste, il était nécessaire de préserver de tout accident les personnes qui devaient y prendre place, car ces fossés avaient seize toises de largeur [1].

Nous laissons à d'autres plus autorisés le soin de déterminer l'emplacement de la scène et le lieu où devaient se tenir les spectateurs. Il nous suffit de montrer par un document irréfutable que les maisons à plusieurs étages, admises par les anciens, par les frères Parfaict et par Émile Morice, pour les représentations de Mystères, ne sont pas de pure rêverie, comme le dit M. Paulin Paris [2], puisque le théâtre édifié à Alençon au seizième siècle, et qui était peut-être un des plus modestes, se trouvait construit à *un, deux* et *trois* étages.

La construction du théâtre fut poursuivie avec vigueur, car nous voyons, le 23 mars 1520, les entrepreneurs faire marché pour le transport des pièces de bois dont ils avaient besoin. Nous transcrivons ce marché : « Devant les tabellions d'Alençon, le 23 mars « 1520, fut présent Guillemyn Herisson, paroissien de Saint Pol [3], « lequel reconnaît avoir reçu de Robert Martel, Jacques Housse- « maine, Isaac Morel, Martin Roulland pour eulx et aultres per- « sonnes à l'entreprise du *Jeu de l'Ancien Testament*, la somme

[1] *Histoire d'Alençon*, par Odolant Desnos, t. I, p. 25.
[2] *Mise en scène des Mystères*, par M. Paulin Paris. Paris, 1853.
[3] Saint-Paul-sur-Sarthe, situé au pied de la forêt de Perseigne, canton de la Fresnaye, arrondissement de Mamers.

« de trente livres qui lui avaient été promises par messire Michel
« Houssemaine prestre, pour la voiture de plusieurs pièces de boys
« par luy prinses dans la Haye de Roullées [1] et de la dite somme
« tient quitte le dit Martel. Et encore le dit Herisson promet et
« s'oblige tirer et mectre hors de l'eaue ces pièces de boys que l'on
« dit etsre dans la rivière, et icelles mectre sur la terre, les passer
« par les moulins et portez sur la dite rivière [2]. Es présence de
« Jehan Houssemaine de Hauterive [3] frère du dit prestre. »

Ces deux actes sont les seuls que nous ayons découverts concernant
la construction du théâtre à Alençon. Il est probable que nos artistes
alençonnais du seizième siècle, Pierre Fourmentin, peintre verrier,
Jehan Juliotte, Guillaume Gruel, Robin Pissot, menuisiers ima-
giers, etc., dont vous avez été à même, Messieurs, dans les précédentes
sessions, d'apprécier le talent, ne furent pas étrangers à sa décora-
tion intérieure, et qu'ils contribuèrent gratuitement à rehausser
l'éclat de ces fêtes en improvisant des décors vraiment dignes d'eux.

La représentation devait avoir lieu au mois de décembre 1521
au plus tard, comme nous l'apprend encore un acte passé devant
notaire le 19 février 1520; il nous montre que, malgré le désir
qu'avaient les organisateurs de mener à bien l'entreprise de la
« représentation du *Mistère du commencement du monde* », ils
doutaient encore de sa réussite :

« Par devant les notaires d'Alençon, furent présents, le 19 fé-
« vrier 1520 [4], Jehan Jousselin et Robin Pissot, bourgeois d'Alen-
« çon, lesquels gagèrent à Bertrand Bahuet, bourgeois d'Alençon [5],
« la somme de six livres tournois à payer par moitié au jour et
« feste de sainct Jehan-Baptiste (24 juin) prochainement venant, à
« cause de la vendition et livraison de huict aulnes de sarge noire
« pour faire ung sache [6] comme ils disent. Et par le dit gaige fai-

---

[1] Roullée (Sarthe), arrondissement de Mamers, canton de la Fresnaye-sous-
Chédouet.

[2] La rivière de Sarthe, qui baigne Alençon, prend sa source près Moulins-la-
Marche, passe au Mesle-sur-Sarthe, et forme limite entre le département de
l'Orne et celui de la Sarthe.

[3] Hauterive (Orne), canton du Mesle-sur-Sarthe, arrondissement d'Alençon.

[4] Tabellionage d'Alençon, étude de Mᵉ Cohu.

[5] Bertrand Bahuet, marchand, bourgeois d'Alençon, avait épousé Jacquette
Lehayer, fille de Laurens Lehayer et de Isabeau De Bray.

[6] *Sache,* synonyme sans doute de *fourreau,* sac ou sachet pour figurer un vête-

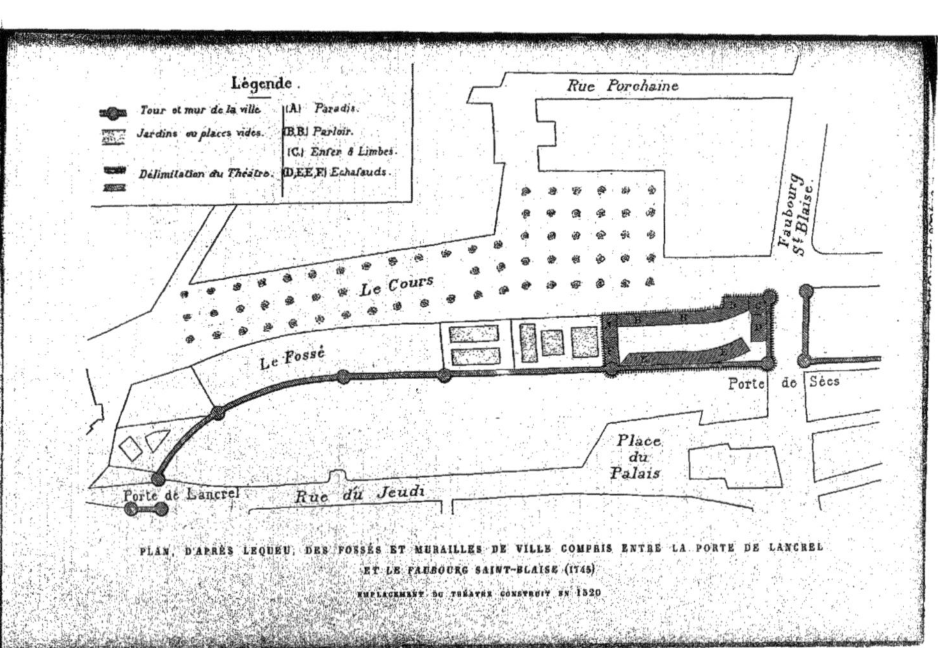

PLAN, D'APRÈS LEQUEU, DES FOSSÉS ET MURAILLES DE VILLE COMPRIS ENTRE LA PORTE DE LANCREL ET LE FAUBOURG SAINT-BLAISE (1745)

EMPLACEMENT DU THÉATRE CONSTRUIT EN 1520

« sant, a été convenu entre les dits Jousselin et Pissot : que, au
« cas, que le *Mistère du commencement du monde* aultrement
« appelé le *Viel Testament* soit joué dans ceste ville d'Alençon
« dedans le dernier jour de décembre prochainement venant le dit
« Jousselin sera subject payer la somme totale de six livres, et sera
« tenu rembourser au dit Pissot ce qu'il en aura payé pour sa part
« au dit Bahuet; et au cas, ou le dit Mistère ne sera joué dans le
« dernier jour de décembre prochainement venant, le dit Pissot
« remboursera à iceluy Jousselin ce qu'il aura payé ; et, ou il
« adviendrait en ladite ville d'Alençon, dedans le dit temps un tel
« cas, ils seraient subjects de payer par moitié ainsi qu'il est
« dit. »

Le théâtre fut certainement construit, et le *Mystère du commencement du monde* représenté à Alençon. Jehan Jousselin dut payer
vers le mois de décembre les six livres dues pour l'achat des
« huict aulnes » de serge noire, et par cela même Robin Pissot se
trouva exonéré de la dépense totale.

En effet, l'acte suivant, passé le 20 février 1524, ne nous
permet plus de douter de la réussite de l'entreprise de Richard
Auvray.

« Fut présent Robin Pissot, menuysier, bourgeois d'Alençon,
« lequel s'oblige rendre à messire Richard Auvray, prestre, Guil-
« laume Chaslière, Jacques Houssemaine, Isaac Morel, Martin
« Roulland et aultres le nombre de cinquante-cinq toises de car-
« reau à cause et par raison de ce qu'ils luy avaient baillé sem-
« blable nombre de coupons de carreaulx qu'ils avaient fait faire
« pour servir aux *Mistères du vieil testament,* que les dessus et
« leurs consors avoient autrefois joué par personnages près le bou-
« levert de la porte de Sées. »

Les acteurs du *Jeu à Mystère du Vieux Testament* dont la représentation était incontestablement un événement à Alençon, furent
recrutés parmi les organisateurs messire Richard Auvray prestre [1],

ment; peut-être celui en peau de chameau ou de mouton que devait porter saint
Jean-Baptiste.

[1] Richard Auvray, « prestre », fils de Richard Auvray, bourgeois d'Alençon, et
de Julienne N., était prêtre à l'église Notre-Dame d'Alençon avant 1506. A cette
date, il s'engageait à donner « 12 deniers, pour aider à faire la couverture de la
première quarrie devers le portail de l'église Notre-Dame d'Alençon ».

Guillaume Chaslière [1], Jacques Houssemaine [2], Isaac Morel [3], Martin Roulland [4], et leurs consors Robin Pissot [5], Jean Jousselin [6], Robert Martel [7], Michel Houssemaine [8].

Quels furent les autres Mystères, après celui du *commencement du monde*, donnés en spectacles à Alençon sous l'instigation de ces entrepreneurs et acteurs ? Voici notamment un acte où les noms des personnages sont indiqués :

« Le 9 août 1530 devant les tabellions d'Alençon furent présents « en leurs personnes Georges Huvey [9], Michelot Maloisel [10], Fran-

[1] Guillaume Chaslière, bourgeois d'Alençon, marié à Louise Lehayer, était présent en 1516 à la reddition des comptes de l'église Notre-Dame d'Alençon. Il dut épouser en secondes noces Ysabeau Clement.

[2] Jacques Houssemaine, bourgeois d'Alençon, marié à Guillemyne Duperche, était décédé avant le 27 mai 1542, date du partage de ses biens entre ses fils. (Tabellionage d'Alençon.)

[3] Isaac Morel, fils de Jehan, était décédé avant le 12 janvier 1533. A cette date, Christoflin Brossard, sa veuve, vendait 10 sols de rente. (Tabellionage d'Alençon.)

[4] Martin Roulland, époux de Marie Tabur, sœur de maistre Denis Tabur, orphèvre en 1515. Martin Roulland était décédé avant le 26 décembre 1539.

[5] Robin Pissot, menuisier imagier, fils de Robin, avait épousé Renée Torchon, sœur de maistre Briz Torchon, prêtre à l'église Saint-Léonard d'Alençon. Il était décédé avant le 30 décembre 1546. (Tabellionage d'Alençon.) — C'est à cet artiste que furent commandées, en 1531, les stalles et la clôture du chœur de l'église Notre-Dame d'Alençon. (V. *Documents concernant l'église Notre-Dame*, mémoire publié dans le *Compte rendu des Sociétés des Beaux-Arts*, 1890.)

[6] Jehan Jousselin, bourgeois d'Alençon, était échevin de cette ville le 23 décembre 1519. (Tabellionage d'Alençon.)

[7] Robert Martel, bourgeois d'Alençon, était décédé avant le 29 janvier 1548. Son fils, maître Pierre Martel, secrétaire des « Roy et Royne de Navarre », recevait à cette date 4 sols de rente.

[8] Michel Houssemaine, prêtre, était natif de Hauterive (Orne).

[9] Georges Huvey, bourgeois d'Alençon, était présent, ainsi que Robin Pissot, à la rédaction d'un acte en 1520 ; puis, en 1530, le 4 avril, il demandait pour Julien Beroys, paveur, son gendre, la place de portier de la porte de Sées, en faisant valoir qu'il ne pouvait plus exercer cet office à cause de sa surdité.

[10] Michel Maloisel, « potier d'estain », était natif de Passais-la-Conception (Orne). Il habitait Alençon dès 1516. Il reçut, avec « Nicolas de Boyville, Jehan Hebert, « Jehan Tremblain, Fabien Tulieuvre, tous maistres des mestiers de potiers d'estain « et plombiers et bourgeois d'Alençon, les statuts ordonnés pour leurs mestiers « par : Monseigneur Charles duc d'Alençon, de Berry, etc., et donnés aux chartes « de Blois, au mois de décembre 1520 ». Tous les maîtres cités s'engageaient, le 2 mars 1521, « à faire dire et célébrer chaque semaine de l'année au jour de « Lundi à 7 heures du matin en l'église paroissiale de N. D. d'Alen. devant « l'imaige de Monsieur S' Jacques le Majeur, une messe basse de l'office du jour « en l'honneur de Dieu, de la vierge Marie et de Monsieur S' Jacques, à partir de

« çois Pelet[1], Martin Saulveur[2], de Grimauldière[3], Jehan Boes-
« sin[4], Claude Poulain[5], Henry Cartier[6], *eulx et chacun d'eulx se*
« submirent et s'obligèrent en peine de tous intéretz à messire
« Richard Auvray, prestre, *Robert Martel et leurs consors entre-*
« *preneurs du Jeu à Mistères,* jouer bien et duement au temps,
« jours et lieux que lesdits entrepreneurs adviseront, et eulx
« acoustrer selon les personnages qui ensuivent sont est : le dit
« Pissot, *Urbanus,* prévost; Maloisel, *Dyus,* aultre prévost; Pelet,
« *Dioclétien,* empereur; Saulveur, *Astarol* (Astaroth); Boussin,
« *Belyel;* Poulain, le *tiers Tirant;* Quartier, l'un *des conseil-*
« *lers;* de Grimauldière, *aultre conseiller.* Es présence de Robert
« Regnault, Louys Berault et Guillaume Pichonnet. »

Nos artisans et bourgeois alençonnais étaient acteurs, ainsi que
nous venons de le voir, mais ils ne semblaient toucher aucune
rétribution : les entrepreneurs devaient seulement les « acoustrer »
selon les personnages à représenter. Nous sommes là certainement
en présence d'une célébration de martyre de saint sous Dioclétien.

Au nombre des chrétiens persécutés sous le règne de cet empereur romain, il en est plusieurs dont on honorait la mémoire à
Alençon. [Saint Blaize[7], par exemple, dont la chapelle se trouvait

« ce jour. La messe sera dite par un chapelain moyennant 4 livres par an. »
(Tabellionage d'Alençon.) Saint Jacques le Majeur devait être le patron de la
corporation des potiers d'étain et plombiers d'Alençon.

[1] François Pelet, greffier des comptes, bourgeois d'Alençon, avait épousé Nicolle
Clement. Sa veuve, le 1er octobre 1555, ne pouvant plus vaquer à ses biens, étant
trop vieille, prend pour époux Maistre Pol Gaillard, et lui fait don par contrat de
la somme de 400 livres. (Tabellionage d'Alençon.)

[2] Martin Saulveur, serrurier, bourgeois d'Alençon, vendait le 31 décembre 1550
20 sols de rente.

[3] Le surnom de sieur de la Grimauldière était porté, à cette date, par Julien
Vimain ou Viman, écuyer. Il était mort avant 1555; sa veuve, Isabeau de La
Boesselière, fille de noble Guillaume Boessel, sieur de la Correlière, Courteille, etc.,
épousa, le 7 octobre 1558, noble François Brosset, sieur de Cuissé. (Tabellionage
d'Alençon.)

[4] Jehan Boessin, bourgeois d'Alençon, marié à Michelle Godfroy (contrat 19 no-
vembre 1554). Mais nous croyons qu'il s'agit ici de Jehan Boussin, tanneur, bourgeois d'Alençon, trésorier de l'église Notre-Dame d'Alençon de 1565 à 1567. Son
contrat avec Marie Thaunay est du 24 juin 1546. Il est décédé vers 1568.

[5] Claude Poulain, apothicaire, bourgeois d'Alençon, veuf de Anne Duplessis,
se remaria à Françoise Dupont.

[6] Henry Cartier, potier en terre, bourgeois d'Alençon, était décédé avant 1549.

[7] On trouve dans les registres de Notre-Dame d'Alençon : Pour la boueste du

précisément au haut du faubourg de la porte de Sées (aujourd'hui rue Saint-Blaize).]

En 1546, Richard Auvray, qui était l'âme de ces divertissements, était mort; en 1547, Robin Pissot, menuisier imagier, qui semble avoir joué dans ces spectacles un rôle prépondérant; Martin Roulland, François Pelet, Guillaume Chaslière, Jacques Houssemaine étaient également décédés.

Le théâtre ne survécut pas à la disparition de cès esprits influents et actifs, et, le 30 juillet 1546, « Symon Biseul, Denys Tabur et « Guillaume Bougis, eschevins, baillèrent à Claude Poulain, appo- « thicaire bourgeois d'Alençon, certaine place vuyde avec les clos- « tures qui y sont de présent, où l'on avait *accoustumé jouer Mis-* « *tères es forsbourg de cette ville,* joignant d'une part le boullevart « de la Porte de Sées aux marchyes et les fossés d'icelle ville, « d'autre part les murailles de la dite ville, pour réduire et mectre « la dicte place en jardinage. A la charge de payer la somme de « dix sols de rente annuelle à la recette des deniers communs de « la dite ville [1]. »

Cette place où l'on avait « accoustumé jouer Mistères » était ainsi transformée en jardin; elle ne tarda pas à se modifier davantage. Deux actes vont nous permettre de suivre les changements rapides que cet emplacement eut à subir jusqu'en 1559.

Claude Poulain rendit le jardin, le 22 janvier 1558, « à Nicole « Bouvier, Jehan Langlois, Pierre Buheré et Guillaume Le Moyne, « eschevins, afin qu'ils puissent en disposer à leur volonté à la « charge de lui payer la somme de cinquante livres pour le récom- « penser des augmentations qu'il y avait faites, entre autres : con- « struict ung pavillon, fait faire ung puits, et construire des « murs; aussi le jardin fut-il loué facilement un tiers de plus à « maistre Clément Jouenne conseiller du roy, juge magistrat et « lieutenant particulier au siége présidial d'Alençon ».

Les échevins faisaient valoir que cette « fieffe » était faite : « En « faveur et considération des services et biens que le dit Jouenne « et ses prédessesceurs ont faicts à la dite ville et que les eschevins « ont l'espérance que luy et ses successeurs pourront faire à

---

prévost, les pardons de saint Blays, et indulgences de Notre-Dame de Chartres, plusieurs recettes de 1506 à 1508.

[1] Tabellionage d'Alençon.

« l'advenir luy baillent le dit jardin à la condition de payer les cin-
« quante livres à Claude Poulain et quinze sols de rente annuelle
« au recepveur de la dite ville. Et si pour causes de guerres ou
« aultres il soit nécessaire de démolir le dit jardin, le dit Jouenne
« et ses successeurs ne pourraient en empêcher. »

Le 10 juin suivant, les « eschevins baillèrent à maistre Jehan Le
« Roussignol, advocat licencié es loix, une aultre place de jardin
« aboutant d'un bout, jusques à une tour des murailles, la plus
« proche du jardin du dit Jouenne ; et jouxtant, le chemin tendant
« de la porte de Sées à celle de Lancrel, toute la dite place en
« quarré ».

L'emplacement désigné dans le devis, et que devait occuper la
charpenterie montée en 1520, coïncide donc bien avec la place des
jardins de Clément Jouenne et de Jehan Le Roussignol.

Il est regrettable de ne pouvoir se rendre compte par un dessin
du temps de la disposition exacte du théâtre ; mais nous ne
croyons pas hors de propos de vous donner, d'après un plan de la
ville, fait par Lequeu, en 1745, le plan du boulevard, des fossés et
murailles de ville sur lesquels s'appuyaient les « chauffaulx » du
théâtre construit au seizième siècle à Alençon.

Nous ignorons s'il fut édifié à Alençon un autre théâtre pour rem-
placer celui que nous venons de voir disparaître avant l'année 1546,
et s'il fut représenté d'autres Mystères en dehors d'un local appro-
prié aux représentations de Moralités.

Il nous faut laisser s'écouler le siècle pendant lequel le théâtre
s'est tant modifié en France pour découvrir de nouveaux documents.

Nous arrivons en 1667 : les jeux à mystères, les comédies
saintes ont disparu ; les pièces nouvelles s'adressent spécialement
à une certaine classe de la société et ne revêtent plus le caractère
religieux ; les bourgeois et les artisans de bonne volonté ont fait
place à des acteurs de profession, que nous trouvons désignés dans
les documents suivants sous les noms pompeux de comédiens de la
troupe de Mme la duchesse d'Orléans, et de la compagnie de
la Reine.

« Le 26 may 1667, fut Baptisé Nicolas, fils de Laurens de Man-
« geot, comédien de la troupe de Mme la duchesse d'Orléans, et de
« demoiselle Anne Barbé son espouse. Le parrain, Nicolas Auzout,

« sieur de La Plesse comédien, de la dicte troupe. La marraine
« Marye Marcouro Beaulieu, comédienne de la dite troupe.

« Le 12 aoust 1669. Le lundy douzième jour d'aoust, fût célébré
« par nous, Pierre Chevallier, prestre, sur les huit heures du
« matin, en l'esglise paroissiale Notre-Dame d'Alençon, le mariage
« commencé entre Jacques de la Brière, sieur d'Alidor, d'une part,
« estant en cette ville dans la compagnie des comédiens de la
« Reine; et damoiselle Hyppolite Gille de la mesme compagnie,
« après la publication des trois bancs, et avoir reçu leur mutuel
« consentement. Ce fait par l'ordre de Monsieur le curé d'Alençon,
« en présence de Lemy de Brouthier sieur des Rosières, Richard
« Desmaresle, Nicolas Praslin, Jean Berger, et Jean Husson, tous
« comédiens de la même compagnie, lesquels ont tous signé avec
« nous.

« I. A. L. B. de Brouthiez, Hipolite Gile,
« Bergé, R. Desmaresle,
« P. Chevallier, Nicolas Praslin. »

(Registre de Notre-Dame, archives de la mairie d'Alençon.)

En 1669, l'Église bénissait l'union des comédiens de la Reine;
mais le 6 août 1680, la *sépulture ecclésiastique* était refusée à
Henry de Saint-Héran, bouffon, farceur public. « Le mardy, 6 aoust
« 1680, le corps du défunt Henry de Saint-Heran âgé de cinquante-
« huit ans ou environ décédé le jour d'hier au faubourg de Cazault,
« bouffon et farceur public, montant sur le théâtre, soy (se) disant
« de Pau en Béarn; après avoir seulement reçu l'absolution de
« nostre consentement par le Révérend père, Nicollas d'Alençon,
« capucin, a été privé de la sépulture ecclésiastique par l'ordre de
« Mons⁰ʳ Illust⁰ᵉ et Revend⁰ᵉ evesque de Seez, suivant la lettre
« missive à nous adressée en date de ce jour, à raison de la profes-
« sion infàme du dit sieur de Saint-Heran. » (Registre de Notre-
Dame, archives de la mairie d'Alençon.)

La rigoureuse défense de Mgr l'évêque de Séez fut cause sans
doute de l'intervention du notaire, réclamée par les prêtres pour
recevoir d'un malade les renonciations à ce métier de bouffon et
farceur public; ceci eut lieu à Alençon dix jours après la mort de
Saint-Héran. « Par devant les notaires gardes notes pour le Roy notre
« Sire, commis et établis à Alençon; le lundi 19ᵉ jour d'aoust

« l'an 1680 après midi, au faubourg de Saint-Blaise, en la maison
« de Nicolas Lecreux, où nous nous sommes transportés, suivant
« la requisition à nous faite par messire Pierre Chevrel, prêtre
« habitué en l'église Notre-Dame d'Alençon ; où étant, avons
« trouvé : Pierre Cassan, âgé de vingt et un ans, au lit malade,
« lequel nous a déclaré en la présence du sieur Chevrel, et les
« témoins ci-après nommés : qu'il demande à Dieu pardon d'avoir
« embrassé la vocation de bouffon et farceur public et d'avoir
« monté sur le théâtre et qu'il renonce et promet à Dieu de ne plus
« jamais y retourner et monter. En foi de quoi il a signé le présent
« acte en présence de Jean Lecreux, marchand, du dit faubourg,
« Abraham Duval, marchand et Nicolas Lecreux du dit faubourg.
« *Signé :* Pierre Cassan, F. Chevrel, prêtre, Nicolas Lecreux,
« J. Lecreux, Abraham Duval. » (Tabellionage d'Alençon, étude
de Mᵉ Cohu.)

PARIS. — TYPOGRAPHIE DE E. PLON, NOURRIT ET Cⁱᵉ, RUE GARANCIÈRE, 8.